UNE ESQUISSE

D'ANATOMIE POLITIQUE

UNE ESQUISSE

D'ANATOMIE POLITIQUE

PAR

A. MAZON

Multa paucis.

PARIS

E. DENTU, LIBRAIRE-ÉDITEUR

Palais-Royal, 17 et 19 (galerie d'Orléans)

—

1868

UNE

ESQUISSE D'ANATOMIE POLITIQUE

I

MÉTHODE POLITIQUE

On sait qu'au dix-septième siècle, le chancelier Bacon donna une impulsion décisive aux sciences naturelles, en conseillant de faire abstraction des idées reçues et de mettre l'observation et les faits à la base de toute théorie.

Vers la même époque, Descartes donnait une impulsion analogue aux sciences philosophiques, par la simple application de la méthode que Bacon avait si judicieusement conseillée pour les sciences naturelles.

Nous nous sommes demandé bien souvent si le moment n'était pas venu d'appliquer à la politique le procédé qui a donné de si bons résultats pour les sciences naturelles et philosophiques.

Il nous semble, en effet :

Que ce qui manque surtout en politique, c'est une méthode ;

Que le public intelligent lui-même vit trop sur des préjugés, c'est-à-dire sur des idées reçues auxquelles manque la sanction de l'analyse et des faits ;

Enfin, qu'avec une étude plus attentive et plus minutieuse des éléments qui servent de base aux jugements politiques, on arriverait à faire de la politique ce qu'elle n'est pas encore, c'est-à-dire une science.

Ce sont ces pensées qui ont dicté cet opuscule.

Nous ne prétendons pas tracer une voie nouvelle, car nous sommes convaincu que cette voie a été aperçue et indiquée par tous les esprits réfléchis. Nous n'en croirions pas moins avoir rendu un grand service à nos concitoyens, si, en l'indiquant à notre tour, peut-être d'une façon plus précise, nous pouvions appeler sur elle l'attention des hommes intelligents et leur faire comprendre la nécessité de s'y engager et d'y marcher avec persévérance et fermeté.

Un fait capital nous a toujours frappé dans les discussions politiques : c'est l'ignorance et l'insouciance où l'on est généralement des faits qui devraient être cependant la base, le point de départ indispensable de toutes ces discussions.

Par suite des erreurs et des malentendus sans nombre qui sont la conséquence inévitable de cette façon de procéder, la politique qui devrait être une science, en est encore aujourd'hui à l'état d'art empirique, comme l'était la médecine, avant le dix-septième siècle, lorsque la thérapeutique ne reposait pas encore sur la base solide des études anatomiques et physiologiques.

Tous les hommes sensés reconnaissent, qu'en médecine, avant de vouloir remédier aux vices et aux irrégularités de l'organisme humain, il faut s'attacher à connaître, aussi exactement que possible, le mécanisme des organes et les conditions de leur fonctionnement. En d'autres termes, tout le monde est d'accord sur ce point, qu'il n'est pas possible d'être un bon médecin ou un bon chirurgien sans avoir étudié l'anatomie et la physiologie du corps humain.

Comment se fait-il qu'une méthode aussi sage et aussi universellement acceptée pour la direction et la guérison du corps humain, soit aussi universellement mise en oubli pour la direction et la guérison de cet autre corps, encore plus compliqué que le premier, qu'on appelle une société ou une nation?

Nous ne voulons faire ici le procès d'aucun gouvernement ni d'aucun parti. Nous serions plutôt disposé à les absoudre tous, les partis n'étant que le reflet plus ou moins irresponsable des vices d'une nation et les gouvernements n'étant que le contre-poids nécessaire des partis. Nous laissons donc de côté tout ce qui n'est qu'effet, et, parmi les causes de confusion dans les idées et de ralentissement dans la marche du progrès, nous allons droit à celle qui nous paraît la plus grave et la plus générale. Cette cause est le manque de méthode dans les études et discussions politiques, l'ignorance où sont les uns, où paraissent être les autres, des conditions sans lesquelles toute discussion doit fatalement servir, non pas à hâter, mais à retarder la découverte de la vérité et les améliorations qui doivent en être la conséquence.

Ce double défaut qui, dans les discussions particulières, choque et frappe les esprits les moins prévenus, à mesure que l'on descend dans les classes inférieures de la société, est malheureusement encore trop visible dans les régions intellectuellement supérieures dont la pensée se fait entendre dans les salons, dans les polémiques des journaux et dans les débats des chambres.

Quelle est la condition fondamentale de toute discussion utile? — C'est la connaissance de son sujet. S'il s'agit de la politique française, c'est la connaissance de l'esprit humain en général et du caractère français en particulier; c'est l'étude approfondie de notre histoire, de nos traditions, de nos conditions géographiques et économiques ; c'est enfin, car tout se lie en ce monde, la connaissance des intérêts et même des préjugés des autres nations, en tant qu'ils sont de nature à influer sur notre politique.

On nous dira qu'à ce titre, peu de gens ont droit de raisonner politique.

Nous répondons que tout le monde a droit de raisonner et même de déraisonner politique (dans les limites légales, bien entendu), mais qu'il ne convient d'user de ce droit qu'après avoir appris ce qui doit en rendre l'exercice sage et utile. Qu'on nous permette de noter , en passant, que l'absence de modération et de réserve se retrouve le plus habituellement chez les gens dont l'ignorance et l'inexpérience sont le plus notoires.

Un écrivain homme d'État, depuis longtemps retiré au fond de la province, reçut une lettre dans laquelle un ami le pressait vivement de lui faire connaître son opinion sur les circonstances du moment. Le solitaire ne lui répondit que ces mots de l'oracle ancien : *Nosce te-ipsum*,

L'ami, prenant cela pour une boutade, insista et fit une peinture vigoureuse des hommes et des choses du jour, mais la seconde réponse ne fut pas moins laconique.

Elle disait : *Corrige te-ipsum.*

Nous nous sommes convaincu, depuis longtemps, qu'il y a dans ces quatre mots, le résumé le plus concis et le plus net d'une étude approfondie de la société humaine à tous les points de vue, mais surtout au point de vue politique.

II

DE LA NATURE HUMAINE EN GÉNÉRAL

Nous allons rapidement passer en revue quelques faits d'anatomie politique dont l'oubli est, à notre avis, une cause fréquente de confusion et d'erreur dans les études et les discussions politiques.

Tous les systèmes faux, en politique comme en philosophie, ont leur point de départ dans une façon fausse ou incomplète d'envisager la nature humaine. Les esprits absolus vont droit à l'anarchie en admettant cette nature comme foncièrement bonne. Ils vont, au contraire, droit au despotisme, s'ils la croient essentiellement mauvaise.

L'étude, la réflexion et l'expérience nous semblent avoir démontré que l'homme n'est ni absolument bon, ni absolument mauvais; mais qu'il est l'un ou l'autre, suivant une infinité de circonstances que la tâche des politiques clairvoyants est de démêler et qui doivent servir de guide, de garde-fous, si l'on veut, aux politiques sages.

Les philosophes grecs avaient déjà reconnu, ou tout au moins pressenti la vérité sur ce point, en appelant l'homme un microcosme, c'est-à-dire le résumé de ce qu'il y a de bon et de mauvais, de beau et de laid dans l'univers.

Platon dit quelque part : « Quand je regarde au dedans de moi, je ne sais si j'y aperçois une bête plus féroce et plus hideuse que le serpent Python ou bien un animal bienfaisant, participant de la nature de la divinité. »

Il est aisé de retrouver la même idée dans le mot de Pascal : « L'homme n'est ni ange ni bête, et le malheur veut que qui veut faire l'ange fait la bête. »

Enfin, un écrivain contemporain qui, à travers une

foule de paradoxes, a parfois saisi et peint vigoureuse-
ment la vérité, fait de l'homme le portrait suivant :

« L'homme, abrégé de l'univers, résume et syncrète en
sa personne toutes les virtualités de l'être, toutes les
scissions de l'absolu. Il est le sommet où ces virtualités,
qui n'existent que par leurs divergences, se réunissent
en faisceau, mais sans se pénétrer ni se confondre.
L'homme est donc tout à la fois, par cette agrégation,
esprit et matière, spontanéité et réflexion, mécanisme et
vie, ange et brute. Il est calomniateur comme la vipère,
sanguinaire comme le tigre, glouton comme le porc,
obscène comme le singe, dévoué comme le chien, généreux comme le cheval, ouvrier comme l'abeille, mono-
game comme la colombe, sociable comme le castor et la
brebis. Il est de plus homme, c'est-à-dire raisonnable et
libre, susceptible d'éducation et de perfectionnement. »
(Proudhon, *Contradictions économiques*.)

Deux éléments principaux forment l'âme humaine, ce
sont la raison et le sentiment. Une analyse attentive de
ces deux éléments préviendrait bien des erreurs fatales.
Si, en effet, comme nous le pensons, l'analyse établit so-
lidement la légitimité et l'utilité de leur influence simul-
tanée, toutes les solutions basées sur la suppression pure
et simple de l'un deux, seront par le fait condamnées, et
toute science, ayant l'homme pour objet, qui ne reposera
pas sur ces deux bases à la fois, sera reconnue boiteuse.

Je pense, donc je suis, dit Descartes. Nous raisonnons,
nous sentons, donc la raison et le sentiment existent; la
diversité même de leurs résultats isolés prouve leur co-
existence respective. Il est certaines régions, inaccessibles
à la raison, qu'on atteint avec le sentiment. Que seraient
la métaphysique et la morale sans les intuitions et les
héroïsmes qui ont leur source dans le sentiment? Le devoir de l'être humain est de faire servir ces deux instru-
ments à la fois au but pour lequel il a été placé dans la
vie. Quand nous voyons les ultra-religieux nier la raison

et les rationalistes purs nier le sentiment, il nous semble voir un homme qui, né avec deux bras, s'est imposé de ne faire usage que d'un seul. La raison et le sentiment sont comme le cavalier et le cheval. Sans le cavalier, le cheval est exposé à de nombreux périls, mais sans le cheval, le cavalier est réduit à marcher péniblement et arrive tard à destination, si même il y arrive. L'homme complet est une sorte de centaure de la raison et du sentiment; c'est celui dans lequel ces deux forces vivantes se font le mieux équilibre, se contiennent réciproquement, sans que l'une se développe d'une façon anormale et aux dépens de l'autre.

Il n'entre pas dans notre cadre étroit de pousser plus loin cette analyse de l'âme humaine. Nous nous bornerons à pressentir, d'après ce rapide aperçu, la destinée de l'homme en ce monde.

Il nous semble que si l'homme, être raisonnable et perfectible, doit toujours tendre à une amélioration constante de ses conditions intellectuelles, morales et matérielles, il ne doit guère se flatter, néanmoins, d'arriver jamais à une pleine satisfaction de ses aspirations innées.

Pour qui réfléchit sur la nature de l'homme, il y a incompatibilité entre cette nature et un contentement parfait. Il semble même que la vie humaine n'aurait plus de raison d'être si ce contentement pouvait être atteint. Et c'est ainsi que la réflexion confirme cette grande pensée religieuse : « On marche dans ce monde et on arrive dans l'autre. »

Un des plus grands écueils en politique est le mécontentement de ce qui est, chez les esprits malheureusement trop nombreux qui, n'ayant jamais étudié les faits, ne savent pas distinguer le possible du chimérique, et qui voudraient, avec des éléments humains, c'est-à-dire nécessairement défectueux, fonder des sociétés d'anges. C'est ainsi que le mieux devient l'ennemi du bien quand il ne devrait en être que le stimulant.

III

DE LA MARCHE DES IDÉES POLITIQUES SUIVANT L'ÂGE.

L'influence la plus profonde et la plus constante que subit l'esprit humain, au point de vue des idées politiques, est incontestablement celle de l'âge et de son compagnon ordinaire, l'expérience.

Dans la jeunesse, on est naturellement disposé à croire l'homme bon et la vie facile. On aperçoit le but sans apprécier la distance et les difficultés qui en séparent. Nourri et grandi dans la serre artificielle formée par l'amour des parents, le jeune homme est porté à considérer ce milieu comme normal. Qu'on ajoute à cela des lectures dont le vrai sens ne peut être saisi sans l'expérience de la vie, et l'on aura les principaux éléments qui servent à former les premières impressions (nous n'osons pas dire opinions politiques) des jeunes gens.

Pendant la jeunesse, on sent plus qu'on ne raisonne et le raisonnement se fait d'une façon toute particulière. Il est incomplet et défectueux parce qu'il ne peut s'appuyer que sur une expérience incomplète et défectueuse.

Presque tous les jeunes gens ont ce qu'on appelle des idées avancées. C'est la conséquence naturelle des instincts de la jeunesse et de son ignorance de la vie. On ne peut pas toujours s'empêcher de s'indigner de la présomption des jeunes gens, mais il faut se féliciter des fruits que promettent leurs tendances généreuses pour la période de maturité. Les mécomptes dont la vie est semée redresseront tôt ou tard leurs jugements. D'ailleurs ils jouent un rôle utile et même nécessaire. Ils ont en trop ce que leurs aînés ont peu ou point : l'enthousiasme, l'amour à la fois platonique et ardent du bon et du beau.

Mais à mesure que l'individu politique avance en âge, son rôle change.

De même que celui du jeune homme était de communiquer à la masse son enthousiasme de jeunesse, de même celui de l'homme mûr est de modérer l'action de ces mêmes éléments, représentés par les nouveaux entrés sur la scène politique.

L'équilibre est rompu et le mouvement compromis si, à la production incessante d'éléments jeunes et ardents, qui est l'œuvre de la nature, ne fait pas contre-poids la production d'autres éléments, sages et modérateurs, qui doit être l'œuvre de la réflexion et de l'expérience.

Il est aisé de reconnaître une harmonie, un véritable plan préétabli, dans les évolutions de l'esprit humain modifiant, suivant l'âge, sa façon d'envisager les choses politiques.

Si la jeunesse est trop sujette aux entraînements libéraux, il faut convenir que la vieillesse est aussi trop disposée aux défiances réactionnaires.

S'il y a tendance, d'un côté, à voir les choses trop en rose, on n'est pas moins enclin, de l'autre côté, à les voir trop en noir.

Fort heureusement, ces deux tendances se neutralisent et laissent les coudées franches aux hommes de l'âge mûr qui, par leur position au sommet de la vie, sont le mieux à même de guider à travers les écueils la barque commune.

Quand l'une des deux tendances l'emporte définitivement, il faut y voir l'indice que les conditions générales des esprits comportaient un changement dans un sens ou dans l'autre, soit que des excès libéraux aient rendu un temps d'arrêt ou même un recul nécessaire, soit qu'une trop longue contrainte réactionnaire ait nécessité un mouvement en avant.

Il ne faut pas oublier que le progrès (j'entends ce mot dans son sens le plus élevé et en dehors de la logomachie des partis) n'est pas le produit exclusif des efforts de ceux qui ont mis son nom sur leur drapeau, mais qu'il est le résultat des mouvements simultanés et souvent contraires de tous les éléments qui composent le groupe social.

Celui qui modère, arrête ou fait reculer un train de chemin de fer dont la vitesse a pris des allures dangereuses, n'a pas moins bien mérité des voyageurs que celui qui l'a mis en mouvement. La vérité est que tous les partis jouent à tour de rôle un rôle prédominant dans la marche du progrès. Il n'en est pas un qui ne possède une parcelle du droit et de la vérité dont chacun malheureusement réclame le monopole. Quand la science aura éclairé les hommes de parti, ils reconnaîtront que, malgré les apparences, ils vont tous au même but par des directions opposées et qu'ils ne font que corriger réciproquement leur action.

Est-il besoin de faire observer combien, devant ce simple exposé de la marche générale des idées politiques suivant l'âge, la plupart des polémiques sur les changements d'opinion sont peu sérieuses et témoignent de candeur ou de mauvaise foi chez ceux qui les soulèvent?

Les opinions ont leur jeunesse, leur maturité et leur vieillesse comme le corps humain lui-même.

L'opposition est une école. On y passe, on s'y forme, et on en sort plus ou moins conservateur. Ceux qui sont éternellement opposants, ressemblent aux étudiants de vingtième année. Il y a tout au moins une lacune dans leur sens pratique, quand ce n'est pas l'ambition ou tout autre mauvaise influence qui les guide.

Il est naturel, il est heureux même, qu'un homme ne considère plus la vie à trente ans comme à vingt, à quarante comme à trente, à soixante comme à quarante.

Pour qu'il en soit autrement, il faut, ou bien être un phénix, avoir la science infuse, ou bien être un esprit borné.

En d'autres termes, il faut ou bien avoir acquis l'expérience avant l'âge, avoir deviné les leçons du temps avant de les recevoir, ou bien ne pas avoir profité de cette expérience et de ces leçons.

Nous comprenons qu'on suppose de vils mobiles à un homme qui change du jour au lendemain, surtout quand ses intérêts trouvent avantage à ce changement; mais qu'on reproche à un homme mûr d'avoir appartenu dans sa jeunesse à une opinion extrême, c'est ce qu'on nous permettra de considérer comme puéril.

Où en serions-nous, grand Dieu! si cette évolution progressive des idées, dont certaines gens se formalisent si fort, n'existait pas ou était subitement arrêtée? Imaginez, par exemple, tous les étudiants d'aujourd'hui, conservant pour l'époque où ils seront devenus pères de famille, avocats, médecins, fonctionnaires, les illusions et l'insouciance qu'ils apportent maintenant dans leur conduite privée et dans leurs opinions politiques.

Ce qu'il faut demander à un homme, ce n'est pas d'être immuable dans ses convictions, c'est d'obéir toujours à ses convictions, en respectant celles des autres, bien entendu. Ce qu'il faut encore lui demander, c'est de braver le respect humain en professant toujours ce qu'il croit juste et raisonnable, quand même la vérité du jour pour lui ne serait plus la vérité de la veille. En demandant à l'homme des convictions immuables, on nie la perfectibilité de l'esprit humain, on nie les effets de l'expérience, on nie le progrès.

Il est singulier que les plus bruyants apôtres du progrès soient précisément ceux qui admettent le moins le progrès dans les idées — celui qui est, cependant, la source de tous les autres.

L'homme absurde est le seul qui ne change jamais, dit un écrivain.

Il n'y a qu'un genre d'hommes qui ne changent pas d'idées, dit un autre écrivain, ce sont ceux qui n'ont pas d'idées.

L'anatomie politique ne dit pas autre chose.

IV

DES CLASSES SOCIALES

Nous venons de voir que l'âge est un des grands moteurs, le plus important peut-être, des opinions politiques, et l'on peut dire qu'il dirige le rouage principal de la machine sociale.

Mais ce rouage n'est pas le seul, et les classes plus ou moins distinctes que la naissance, l'éducation, l'intelligence, les traditions, les intérêts, etc., forment dans une société, constituent un autre rouage d'une grande importance, et dans lequel il est également facile de reconnaître un véritable plan préétabli.

Ici, comme dans l'objet de notre étude précédente, on doit arriver, croyons-nous, à retrouver le jeu harmonique de forces opposées qui, soustraites à toute influence anormale, concourent au même but, c'est-à-dire à l'amélioration générale de la société politique.

L'étude de ces classes est le champ le plus vaste de l'anatomie politique. Une partie a été déjà heureusement explorée par les économistes qui sont bien mieux qu'Aristote les précurseurs de la science politique. La méthode qu'ils ont appliquée à l'étude de la société, au point de vue particulier de la production et de la consommation des biens matériels, est la même que nous conseillons dans un but plus vaste et à un point de vue plus élevé.

L'économie politique est inséparable de la politique et les divisions factices que nous sommes obligés d'établir n'auraient pas de raison d'être si l'esprit humain avait des bornes moins restreintes. Nous ne prétendons pas que l'économie politique ait élucidé toutes les questions qu'elle a abordées, mais il est impossible de ne pas reconnaître qu'elle a produit un corps de doctrines respectable, basé sur des faits et ayant pour lui la sanction d'éclatants succès. Nous pensons, en conséquence, qu'il n'est plus permis de considérer comme des personnes sérieuses celles qui croient pouvoir raisonner politique en faisant fi de la science économique.

L'économie politique a déjà rendu d'immenses services. Elle a plus fait, non-seulement pour l'amélioration matérielle des peuples, mais aussi pour leur réconciliation, que tous les volumes publiés contre la guerre. Peut-être est-ce à la science économique qu'il est réservé de porter le coup décisif au code des vieux préjugés internationaux.

A la suite du soi-disant Congrès de la paix à Genève, où l'on a pu voir à quoi aboutit la politique sans méthode et ne reposant pas sur la base solide des faits, un économiste distingué, M. H. Dameth, écrivait :

« ..... S'il peut se démontrer que les intérêts des peuples sont par essence harmoniques et solidaires, que, par le libre développement de l'échange, sur le terrain du droit commun, les efforts, les ressources de chacun profitent à tous, l'humanité entière nous apparaît comme une même société où (grâce à la division naturelle du travail entre les contrées, les climats, les aptitudes industrielles propres à chaque peuple) la réciprocité des services, la fraternité pratique, devient l'objet capital des rapports internationaux et se substitue d'elle-même, sans déchirement, au principe d'hostilité qui a dominé jusqu'ici ces rapports. Or, cette démonstration est faite. La science économique en a fourni tous les termes, et c'est pourquoi le mouvement contemporain vers la liberté des échanges est le principal instrument de paix générale qui ait été encore découvert et employé..... »

2

Nous laissons aux économistes le soin de défricher entièrement le domaine qu'ils se sont assigné, pour revenir à l'examen des divisions les plus générales que comporte, à d'autres points de vue, la société politique.

On divise souvent la société (sous le rapport de la fortune et du développement intellectuel, qui vont plus ou moins ensemble) en classes supérieures, moyennes et inférieures. Mais il ne faut pas oublier que ce sont là des démarcations purement abstraites que le progrès des temps rend de plus en plus inexactes, et c'est pour cela qu'avant de les employer, il serait utile, croyons-nous, d'examiner si elles correspondent bien à la réalité des choses et, dans ce but, d'analyser les diverses influences qui agissent le plus directement sur les opinions politiques.

Ces causes sont l'intelligence, l'éducation, le travail et la fortune.

L'intelligence est, de sa nature, novatrice. Comme il y a toujours à améliorer en ce monde, elle voit le mal et cherche le remède. Quand elle est convenablement tempérée par le bon sens et le jugement qui devraient être ses compagnons inséparables, elle est l'instrument le plus actif du progrès. Mais on sait que bon nombre d'hommes intelligents se laissent aveugler malheureusement par l'ambition, la vanité et d'autres vices qu'il serait trop long d'énumérer. Voilà comment il arrive que l'intelligence seule est souvent un guide dangereux, et que ses écarts ne sont pas la moindre besogne des hommes à la fois intelligents, moraux et expérimentés (on devrait dire complétement intelligents) auxquels incombe matériellement et moralement, et auxquels revient toujours en fin de compte la direction du groupe social.

L'éducation (et nous entendons ce mot dans le sens le plus étendu) a pour objet notre développement moral et intellectuel. Elle est le résultat des influences qui s'exercent sur nous depuis le berceau jusqu'à une période plus ou moins avancée de la jeunesse et même de l'âge mûr. La famille et le collège exercent la première et la plus décisive action dans la formation de nos impressions ou opinions politiques. Tout le monde a pu remarquer que, en thèse générale, dans toute famille où les idées politiques sont fortement arrêtées, ces idées font, en quelque sorte, partie de l'héritage paternel et que les enfants se font un devoir d'honneur ou de conscience de les continuer. Néanmoins, il n'est pas rare que l'influence de la famille et du collège ressorte en sens contraire, et c'est ce qui arrive toutes les fois que, par une raison ou par l'autre, les idées que l'on veut faire pénétrer dans une jeune âme trouvent cette âme mal disposée à les recevoir. La répulsion et la répugnance produisent alors la révolte. Voilà pourquoi tant de libres penseurs sont sortis précisément des établissements d'éducation où la liberté de conscience et de jugement rencontrait une dure et inintelligente compression.

Examinons maintenant quels sont les effets du travail ou plutôt des habitudes d'une vie active. Généralement le travail mûrit et moralise. Il accoutume à considérer la vie par ses réalités, en même temps qu'il fait voir dans l'exercice de la justice, non-seulement une satisfaction intérieure, mais encore une nécessité pratique. Le travail est à la fois le stimulant de l'esprit et le lest de l'imagination.

Les influences de la fortune sont assez diverses selon que la fortune est le produit du travail ou qu'elle est le résultat, soit de la naissance, soit d'autres chances heureuses. Dans le premier cas, la fortune laisse subsister plus ou moins l'influence préexistante du travail. Dans les autres cas, si elle n'est pas contre-balancée par de fortes convictions dues au sentiment religieux, à l'éducation ou à de généreux instincts, elle nous livre trop souvent, comme une proie facile, aux vices et aux passions auxquels l'espèce humaine est sujette.

Il résulte de cette analyse que la division des classes de la société, en supérieure, moyenne et inférieure, est, à

certains égards, passablement inexacte et peut devenir
une cause d'erreur.

Au point de vue politique, il y a, selon nous, deux
classes principales, celle qui est plus ou moins gouvernante, et celle qui est plus ou moins gouvernée, chacune
exerçant sur l'autre une influence toujours visible, mais
variant avec les temps et les circonstances, selon que
les éléments modérateurs se portent d'un côté ou de
l'autre.

La classe gouvernante se compose de tous les éléments
actifs des classes supérieure et moyenne et même de la
classe inférieure.

La classe gouvernée se compose des éléments passifs
qui existent dans les trois classes et dont le centre de gra-
vité se trouve dans ce qu'on appelle la classe inférieure.
Nous examinerons, dans un autre chapitre, le rôle que
joue en ceci le gouvernement.

En attendant, nous croyons que tout esprit observateur
sera frappé de la singulière analogie que le jeu de ces deux
grandes classes dans la vie politique présente, d'une part,
avec le rôle du sentiment et de la raison dans l'âme humaine,
et de l'autre, avec le rôle de l'esprit et de la matière dans le
mécanisme du corps humain. Partout nous retrouvons le
jeu d'influences contraires, dont l'exercice simultané cons-
titue le mouvement et la vie, et que la tâche de l'homme,
être raisonnable et libre, est de rendre harmonique et fécond.

Les conditions connues de la santé du corps humain
nous semblent pleines d'indications instructives pour la
santé du corps politique.

Que faut-il d'abord pour le développement et le fonctionnement normal du corps humain ? — Il faut que les
diverses parties dont il se compose se tiennent dans le rôle
que la nature leur a assigné. — Il y a équilibre, harmonie, santé, si les organes n'empiètent pas réciproquement

sur leurs domaines respectifs. Dans le cas contraire, il y a anomalie, trouble, malaise ou maladie.

La tête, siége de l'esprit, doit diriger, mais en tenant compte des conditions des organes plus spécialement préposés à la vie matérielle, sans lesquels elle est elle-même frappée d'impuissance. Ceux-ci sont, non pas des domestiques, mais des associés concourant avec la tête à un but commun, et les attributions des uns et des autres sont clairement déterminées par l'importance et la nature de leurs fonctions. Il faut, pour le bien général du corps, ne laisser ni à l'esprit ni à la matière, un rôle exclusif ou trop prédominant. L'esprit est le contre-poids naturel des tendances matérielles, de même que la matière est le lest nécessaire de l'esprit. Toutes les maladies du corps humain peuvent être ramenées originairement à un défaut d'équilibre.

Les choses se passent à peu près de la même façon dans le corps politique. Il y a malaise ou maladie dès qu'un de ses organes sort des limites que la nature lui a assignées.

La classe gouvernante doit sans doute gouverner, mais sans oublier la solidarité nécessaire qui la lie au reste du corps politique. Si les idées dites avancées dominent dans la direction de l'État, il faut que leurs représentants tiennent compte des nécessités conservatrices qui tendront de plus en plus à se développer parmi les gouvernés, de même que, dans le cas contraire, les conservateurs au pouvoir devront tenir compte des besoins d'expansion et d'innovation auxquels le régime conservateur donnera naturellement une impulsion nouvelle.

Le rôle de la classe gouvernante est de guider le char de l'État, mais en se préoccupant à la fois des conditions du char et de celles du chemin, et surtout en évitant de faire bande à part, car si la voiture ne peut pas aller sans le conducteur, le conducteur ne peut pas davantage aller sans la voiture. En faisant prédominer ses idées, ce qui est un droit naturel que lui confère sa position au sommet de la vie politique, elle doit cependant tenir un juste compte des idées, des désirs et des besoins des autres membres du corps politique. C'est ce qu'on a, du reste, souvent recommandé par ce mot : respect des minorités.

Parmi les sources du malaise de la société française, nous pensons qu'une étude attentive signalera, au premier rang, la persistance du préjugé qui fait considérer le travail comme la marque d'une condition inférieure et presque un déshonneur. En Angleterre et aux États-Unis, l'opinion publique méprise, conspue, au besoin, les oisifs de profession. En France, surtout dans les petites villes, elle les admire et les envie. Or, l'oisiveté, dans l'État comme dans la famille, est l'ennemie naturelle de l'ordre, de l'union et de la prospérité. Que peut-on faire, quand on est oisif, à moins de médire, de critiquer et de déranger l'ordre existant?

Les effets de ce préjugé se font sentir dans le choix des carrières. Les jeunes gens de la classe moyenne méprisent l'agriculture, n'acceptent le commerce et l'industrie que comme un pis-aller et vont encombrer les professions dites libérales. De là, le nombre croissant des *déclassés* parmi lesquels l'oisiveté, volontaire ou forcée, fait ses plus nombreuses recrues et qui fournissent l'état-major des révolutions.

Pour tarir le mal à sa source, il faut s'appliquer surtout à modifier les idées reçues en fait d'éducation, restituer au travail son caractère honorable, et ouvrir de nouvelles voies à l'activité nationale. Sur ce dernier point, nous croyons que le terrain économique offre de meilleures solutions que le terrain politique proprement dit. Nous dirons plus tard pourquoi ce qu'on appelle la liberté, bien que présenté comme un spécifique infaillible par une armée d'écrivains et d'orateurs qui s'entendent mieux sur le mot que sur la chose, nous paraît loin de résoudre la question. Mais ce que nous dirons dès à présent, c'est que le libre échange et les autres libertés économiques, le développement de la marine marchande, et enfin l'impulsion donnée à l'enseignement professionnel et à l'étude des langues vivantes, nous semblent marquer les jalons de la voie des solutions sérieuses.

On nous permettra donc de voir un programme fécond de la régénération de l'esprit français dans les paroles suivantes de l'Empereur à M. Rouher, paroles citées par ce dernier dans la séance du Corps législatif du 26 février 1867 :

« Cette concentration à l'intérieur de toutes les forces, de toutes les ardeurs de la nation, ce défaut d'expansion au dehors, est la cause principale de nos dissensions, de nos révolutions. Voyez l'Angleterre, elle aussi a ses passions, ses ardeurs ; mais elle a des horizons lointains ouverts aux activités fiévreuses, et la richesse en revient avec la maturité de la réflexion. Abaissons les barrières. D'ailleurs, toutes les libertés sont sœurs ; la liberté commerciale enfantera les autres à leur heure. Je n'ai pas reçu seulement la mission de fonder dans ce pays l'ordre et l'autorité ; ma mission, plus ou moins prochaine, est aussi de fonder la liberté et le pouvoir dans un accord fécond. Je dois rétablir l'ordre d'abord dans cette nation dévorée d'anarchie, ensuite les libertés publiques qui sont l'honneur d'un grand pays et d'une haute civilisation. »

V

DU CARACTÈRE FRANÇAIS

Variété dans l'unité : telle est la grande loi qui se révèle dans l'agencement du monde. C'est aussi la grande loi du microcosme humain. Sur le fonds unique de la nature humaine, les races, les climats, les religions, en donnant plus ou moins de développement aux divers germes qu'elle contient, ont brodé des caractères différents qui ont servi ensuite à la formation des divers groupes nationaux.

Dans le Nord, le rude et séculaire combat de l'homme contre la nature a donné naissance à cette admirable race anglo-saxonne chez qui l'idée religieuse, l'amour et le respect du travail, le sentiment de la responsabilité individuelle et l'esprit pratique qui en est la conséquence, ont produit l'heureux mélange des qualités les plus favorables à l'épanouissement d'une société libre.

Dans les régions méridionales où la nature trop prodigue de ses dons ne surexcite pas assez l'activité humaine, l'absence plus ou moins complète des vertus que favorise tout au moins l'exercice de cette activité, a eu pour résultat la formation de sociétés où le despotisme a été le tuteur obligé de l'incapacité politique des individus.

Le caractère français tient une sorte de moyenne entre les races du Nord et celles du Midi. Il a l'activité et l'initiative des unes, peut-être même à un plus haut degré, mais d'une manière intermittente. Il a aussi ses moments d'abdication comme les races méridionales, mais ce ne sont que des moments, et la vivacité de son réveil est or-

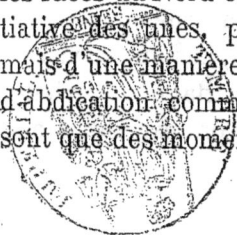

dinairement en raison même de la durée de son assoupissement.

Le caractère français présente une frappante analogie avec le produit principal du sol français : le vin.

Enthousiasme, gaieté, miracles de bravoure et d'abnégation, mais avec cela insouciance, légèreté, déplorable abandon de soi-même, défaut de suite dans les idées et dans les actes, beaucoup d'esprit et peu de bon sens : n'est-ce pas là le fond du caractère français ? et ne dirait-on pas qu'il a été conçu sous l'influence d'une bouteille de champagne ?

Le génie anglo-saxon marche lourdement devant lui, sans jamais se presser, mais sans jamais s'arrêter, et ne perdant jamais le but de vue.

Le génie français coquette avec toutes les fleurs du chemin et ne s'inquiète guère où il va. Il a tantôt les allures d'un train-express et tantôt celles de la tortue ou même de l'écrevisse. Le progrès ne se fait avec lui que par bonds et par saccades. Il comprend tous les principes et n'en suit aucun. Il est éminemment fantaisiste et n'est même pas fâché d'être traité comme tel. Que quelqu'un s'avise de dire au Français qu'il est sage, prudent, positif : ces compliments le toucheront peu, si même ils ne lui font pas faire la grimace. Dites-lui, au contraire, qu'il est un aimable étourdi, que c'est à force de générosité qu'il fait des sottises, qu'il a mauvaise tête et bon cœur, il sourira : ce sont les compliments qui lui vont.

Le peuple français a beaucoup de détracteurs en Europe. Le plus souvent, ces détracteurs ont l'air de ne s'attaquer qu'au gouvernement français, ce qui fait qu'ils ont le plaisir d'entendre la plus bruyante, sinon la plus sérieuse partie de ce brave peuple français, faire *chorus* avec eux, sans s'apercevoir que, les gouvernements étant toujours une émanation des gouvernés, ces attaques retombent directement sur sa tête. Ces attaques proviennent surtout de l'envie que nos succès ont excitée. Mais nos défauts y sont bien aussi pour quelque chose. Il est naturel que l'Anglais, pratique et persévérant, méprise notre légèreté et notre inconstance. Il est naturel que l'Allemand, érudit et réfléchi, méprise notre ignorance présomptueuse. L'Italien, en entrant, sans en avoir le droit, dans ce concert hostile, montrerait (si ses attaques ne tenaient pas à des causes spéciales et passagères) qu'il a nos défauts à un plus haut degré. Partout, en Europe, on recherche le Français, mais pour épier ses défauts, les faire ressortir et en faire des gorges-chaudes. Partout nous avons des ennemis, mais le plus grand de nos ennemis n'est pas hors de nos frontières : il est en nous. C'est nous-mêmes.

Pourquoi nous épargnerait-on quand nous n'épargnons rien nous-mêmes ?

Il n'y a pas de pays où l'on ait moins qu'en France le respect des choses respectables. Le plus petit ridicule paralyse auprès de nous l'effet des plus hautes vertus. Nous sommes toujours disposés à mettre une épigramme à la place de l'accomplissement d'un devoir. Les gloires les plus pures ne trouvent pas grâce devant nos impitoyables railleries. Voyez ce que Voltaire a fait de Jeanne d'Arc.

Si Socrate revenait, sous la figure d'un écrivain, nous doutons qu'il se trouvât un éditeur pour accepter ses élucubrations, et, dans le cas contraire, nous sommes convaincu que sa philosophie n'aurait pas autant de succès, par exemple, que les *Mémoires de Thérésa*.

Quant à Caton ou Brutus, nous serions curieux de voir l'accueil que leur feraient ceux-là mêmes qui les glorifient le plus.

Nous nous moquons des païens et de leurs faux dieux sans penser que nous n'en avons guère le droit, puisque, en réalité, nous adorons, comme eux, nos propres vices différemment personnifiés.

La croyance au vrai Dieu, par opposition au paganisme, implique la croyance à l'ordre, à l'harmonie, à la justice dans le monde. La preuve que nous ne croyons pas à cet ordre, à cette harmonie, à cette justice, se trouve dans le petit nombre d'entre nos concitoyens qui se montrent convaincus du triomphe final de la vertu, des miracles du travail et de la persévérance. La masse en est encore à cet absurde et grossier fétiche qu'on appelle le hasard et elle n'a pas encore aperçu le lien, si souvent visible cependant, qui lie les mécomptes humains aux vices humains. Elle en est encore à ne voir partout qu'heur et malheur, sans y voir la conséquence heureuse ou malheureuse d'actes ou de faits passés.

Ignorance, présomption, vanité, inconséquence, tout s'enchaîne. Tout cela fait aussi que nous tenons plus de compte des apparences que des réalités. Le faux est non-seulement dans nos meubles et nos habits, il est encore dans nos idées. Nous acceptons une doctrine comme nos femmes acceptent une mode. Nous ne connaissons pas mieux les autres que nous-mêmes. Nous sommes toujours prêts à voir la paille dans l'œil du voisin sans voir la poutre qui est dans le nôtre. Nous trouvons tout naturel d'exiger d'autrui toutes les vertus en nous abandonnant nous-mêmes à toutes les passions. Nous voulons rester des démons et être gouvernés par des anges. Nous voulons tout savoir sans avoir rien appris, tout réformer sans savoir nous conduire nous-mêmes. Toujours occupés à courir après les chimères en politique, nous n'avons pas encore trouvé le temps de reconnaître que la pratique du devoir, dans les rapports politiques comme dans les rapports privés, doit accompagner et même précéder l'exercice du droit.

Par suite de notre caractère mobile, réfractaire à l'observation et à la réflexion, comme aussi par suite de notre ignorance des conditions de la société humaine, nous donnons trop souvent aux autres peuples plus calmes et plus sensés, le spectacle d'agitations stériles, de récriminations injustes et d'un pessimisme puéril. Tous les régimes, en France, sont signalés par des crises d'opinion qui semblent chaque fois présager un cataclysme inévitable et qui disparaissent ordinairement comme elles sont venues, c'est-à-dire sans raison bien nette que notre excessive impressionnabilité. Tous les hommes d'État en exercice sont l'objet d'accusations qui font honneur à l'imagination de leurs accusateurs, sinon à leur bon sens. A toutes les époques, en France, on peut entendre l'expression des mécontentements les plus menaçants. De même que, si l'on s'en rapporte aux commerçants, le commerce ne va jamais, de même, si l'on écoute les discoureurs politiques et M. Prudhomme lui-même, jamais le gouvernement n'est dirigé d'une façon convenable. En supposant qu'il fût possible d'imaginer des mesures satisfaisant à la fois tous les partis, on peut être assuré que, dès le lendemain, tous les partis seraient moins satisfaits qu'auparavant, et formuleraient des prétentions impossibles à satisfaire. Ne nous moquons pas des enfants qui demandent la lune, nous demandons mieux que cela à nos gouvernants.

Ceci d'ailleurs se passe à peu près de même dans tous les pays du monde. L'esprit humain est essentiellement mobile et inquiet, « ondoyant et divers, » comme dirait Montaigne. On peut discuter les avantages ou les inconvénients de ce fait, mais le fait lui-même est tellement incontestable qu'on ne comprend plus la nature humaine à l'état de satisfaction ou de béatitude durables. Le mécontentement perpétuel n'est donc pas l'apanage exclusif des Français, seulement il est plus accentué et, il faut bien le dire, plus grotesque chez nous que chez les autres peuples. Nous ne refusons pas de reconnaître dans la tendance constante de l'esprit humain vers une destinée meilleure, un élément et une condition du progrès, mais nous pensons qu'ici comme ailleurs, la raison et l'expérience doivent permettre de distinguer l'us de l'abus, et c'est malheureusement bien plus souvent l'abus que l'exercice normal et rationnel de la faculté *progressiste* que nous croyons retrouver dans les faits et gestes du peuple français.

En supposant un ordre général dans la marche du progrès, nous croyons que l'esprit français y joue un rôle comique avec un fond sérieux, et que c'est en faisant la charge du progrès lui-même qu'il marche vers ce but commun des sociétés humaines.

Connaissant le caractère du peuple français, est-il bien difficile de savoir ce que sera son gouvernement?

Il sera évidemment variable comme lui : libéral par ici, absolutiste par là, selon les nécessités créées par les besoins ou les passions, par la fantaisie des hommes ou la force des choses, quelquefois par la faute des gouvernants, mais plus souvent encore par l'inconséquence des gouvernés.

Le trait le plus saillant du peuple français, c'est la disproportion qui existe chez lui entre l'esprit et le bon sens : aucun ne voit mieux le but, aucun n'est plus ignorant du chemin à suivre pour l'atteindre. Aucun n'a donné à ses voisins de meilleurs conseils et de plus mauvais exemples.

Un étranger complimentait une dame française sur l'esprit, l'humeur généreuse et les autres qualités brillantes de son mari. La dame l'interrompit. — Sans doute, dit-elle, mais il laisse aller les affaires de travers, et j'aimerais beaucoup mieux qu'il eût moins d'esprit et un peu plus de conduite et de sens pratique.

On conviendra que le peuple français ressemble terriblement à ce mari-là.

VI

DU GOUVERNEMENT

La légèreté de l'esprit français se retrouve, à sa plus haute expression, dans l'idée que l'on se fait parmi nous du gouvernement.

La bonhomme La Fontaine disait déjà, il y a deux siècles .

> Notre ennemi, c'est notre maître ;
> Je vous le dis en bon français.

Aujourd'hui le gouvernement est avant tout une tête de Turc sur laquelle chacun essaye la vigueur de son poing. Il n'est pas d'échappé de collége qui ne soit prêt à dire leur fait aux hommes d'État les plus illustres. C'est dans le sang, c'est dans la tradition, c'est dans l'éducation classique, sans que les bonnes gens de professeurs et de pères de famille, sans que le gouvernement lui-même aient l'air de s'en douter. En France, nous exigeons du gouvernement toutes les perfections, mais nous voulons rester nous-mêmes aussi vicieux que cela nous convient. Nous le rendons responsable de tout et nous ne cherchons qu'à l'affaiblir.

L'opposition est tellement instinctive et naturelle en France qu'il faut beaucoup plus de courage pour y être l'ami avoué du gouvernement que pour être son ennemi déclaré. M. Émile Ollivier en sait quelque chose. On se demande vraiment ce que deviendrait le peuple français si, par impossible, il était tout à coup privé de toute espèce de gouvernement et s'il voyait, par suite, se fermer devant lui la grande carrière de l'opposition.

Le docteur Véron, faisant le portrait de Charles de Rémusat, raconte que, ministre de l'intérieur en 1840, il se serait fait volontiers de l'opposition à lui-même. En allant réprimer des coalitions d'ouvriers, il disait :

— Je ne sais vraiment pas pourquoi nous dissipons ces rassemblements d'ouvriers ; je me demande s'ils n'ont pas le droit de se réunir.

Après 1848, il disait : Il faut peut-être revenir à la légitimité.

— Mais que feriez-vous sous Henri V? lui demandait-on.

— Je ferais de l'opposition.

Cela ressemble à un portrait de fantaisie. Ce n'est cependant que la simple photographie d'une des mille têtes du peuple le plus fantaisiste de la terre.

Quand on parle de réforme ou de progrès en France, chacun de nous entend par là réforme ou progrès dans le gouvernement. Il ne nous vient pas même à l'idée qu'il y ait quelque chose à réformer en dehors des lois ou de la forme du gouvernement.

Il semble cependant qu'il serait temps de s'entendre, et, avant de crier haro contre le gouvernement, de bien examiner ce qu'il est, d'où il sort et ce qu'il représente.

Que dirions-nous d'un homme qui, recevant une flèche au milieu du corps, s'en prendrait à la flèche et non à celui qui l'a lancée ?

L'opposition politique qui, en tout et partout, ne voit que la faute du gouvernement, n'est cependant pas plus sensée que l'homme dont nous parlons.

Qu'est-ce qu'un gouvernement ? — Ce n'est pas évidemment une cause première, puisque l'on peut très-bien concevoir l'existence des hommes sans celle du gouvernement et que l'idée de gouvernement, au contraire, ne se comprend pas sans l'existence des hommes.

L'idée et le fait du gouvernement sont donc effets, et non pas causes, vis-à-vis de l'idée et du fait de l'existence humaine.

Un gouvernement ne naît pas sans germe connu comme un champignon. Il est le résultat de quelque chose, et, pour peu que l'on veuille réfléchir, il est facile de reconnaître que ce quelque chose ne peut être que le milieu social du sein duquel il surgit, comme l'arbre sort de la terre, comme la fleur sort de l'arbre. A moins d'évoquer l'influence du hasard, cette aveugle divinité des esprits aveugles, le gouvernement est évidemment le produit des germes existants dans le peuple, la résultante des vices et des vertus de ce dernier. Il est l'aiguille du cadran où viennent aboutir les rouages de la société politique, et les réactionnaires ou révolutionnaires brutaux, qui veulent le faire avancer ou reculer en s'attaquant directement à lui, ressemblent à l'individu qui voudrait arranger une montre sans toucher à l'intérieur de la boîte et en tourmentant seulement l'aiguille.

On pourrait encore comparer le gouvernement à une barque qui s'abaisse ou s'élève avec les vagues et suit leur mouvement au lieu de leur imposer le sien. Si la barque est brisée dans le conflit des eaux, celle qu'on construira à sa place sera soumise aux mêmes mouvements, sur lesquels, d'ailleurs, nous n'entendons nullement mettre en doute l'influence d'un pilote habile.

Il résulte de là que les gouvernements ne sont rien par eux-mêmes, mais qu'ils sont beaucoup par leurs causes efficientes. Ils sont forts tant que ces causes se maintiennent, ou plutôt tant que l'*effet* gouvernement est en rapport avec le milieu populaire, *cause*, générateur du gouvernement. Avons-nous besoin de rappeler que cette cause est de sa nature très-sujette à varier et que le gouvernement est obligé, sous peine d'affaiblissement ou de mort, de modifier son caractère ou ses allures en conséquence ? Toute la science du gouvernement consiste à suivre avec vigilance ces variations et à savoir en tenir opportunément un juste compte.

Mais cette théorie ne contient pas moins de leçons pour les gouvernés que pour les gouvernants. Si ceux-ci doivent tenir compte des besoins, des aspirations, et même de l'humeur changeante de ceux-là, les gouvernés doivent se rappeler aussi que les gouvernants ne sont que l'expression de leurs désirs ou de leurs conditions d'hier, et ils feront bien, avant d'effectuer une évolution nouvelle, de réfléchir si elle est justifiée par les circonstances. Ils devront songer surtout que, lorsqu'il s'agit de changer un gouvernement, il est aussi absurde de s'attaquer directement à lui, qu'il serait absurde de la part d'un médecin, de s'attaquer, par exemple, à un mal de tête, uniquement par l'emploi des topiques, sans chercher préalablement à modifier l'état général du malade dont le mal de tête n'est qu'une conséquence. *Sublatâ causâ tollitur effectus.* La bonne politique comme la bonne médecine, va aux sources et met un mûr diagnostic, une étiologie approfondie, à la base de son action.

Un gouvernement est-il mauvais : cherchons les causes qui le rendent mauvais, faisons-les disparaître, et le gouvernement sera forcément modifié ou changé.

C'est simple, c'est rationnel, c'est tout simplement mettre les bœufs devant la charrue, et c'est là cependant ce dont paraissent ne se douter ni le public, ni les journalistes, ni même les hommes d'État dès qu'ils ne sont plus au pouvoir.

Cela est vrai, non-seulement des gouvernements, mais de la religion, de l'art, de la littérature. Ce sont tous des arbres plantés sur le terrain populaire et qui sont droits ou tortus, verdissants ou jaunissants, selon le suc offert à leurs racines, selon les mille circonstances qui agissent sur leur développement.

Nous insistons sur cette théorie du gouvernement parce

que, après une recherche approfondie des causes de la fragilité des gouvernements en France, nous avons cru reconnaître que la cause principale tenait à l'idée essentiellement fausse que nous nous faisons de la nature et du rôle du gouvernement.

Dans l'opinion générale en France (dont chacun peut surprendre à tout instant chez lui-même ou chez les autres la manifestation naïve), le gouvernement est un mécanisme ingénieux qui doit tout faire en notre lieu et place. C'est une sorte d'automate à qui nous déléguons tous nos droits et pouvoirs et de qui nous exigeons la satisfaction de tous nos désirs raisonnables et déraisonnables. Nous avons abdiqué pour lui toute initiative personnelle sans comprendre que nous le chargions d'une besogne impossible. De là, d'une part, notre éternel mécontentement, et d'autre part aussi, l'insuccès constant des hommes d'État les mieux intentionnés. De là nos retours d'ingérence forcés, de là aussi les empiètements gouvernementaux sur le domaine individuel.

Le malaise, les conflits qui en résultent sont donc le produit de torts réciproques, dont malheureusement aucune des parties ne se croit coupable. Pour les faire cesser, il faut d'abord les mettre en lumière. C'est une des tâches de l'anatomie politique.

VII

DE LA LIBERTÉ

Les considérations qui précèdent, sur le gouvernement, nous semblent résoudre le plus gros des problèmes que comprend le mot de liberté.

De même qu'en thèse générale, un peuple n'a que le gouvernement qu'il mérite, de même il n'a que la dose de liberté qu'il est capable de supporter.

Supposons un groupe de sauvages sans foi ni loi, livré à tous les mauvais instincts, à toutes les mauvaises passions : évidemment, ce groupe devra périr si une autorité puissante, établie par lui ou malgré lui, ne supplée pas aux qualités de *self-government* qui lui font défaut.

Supposons, au contraire, une société d'anges où la conscience de chacun est une autorité suffisante pour le maintien de l'ordre et le respect des droits d'autrui : évidemment, une société pareille n'aurait besoin ni de lois pour fixer les droits et les devoirs de chacun, ni de souverain et d'autres agents chargés de veiller à leur exécution.

Entre ces deux termes extrêmes, dont le dernier au moins n'a pas cessé d'être une pure idéalité, se trouvent compris les divers degrés des sociétés humaines avec les gouvernements qui leur correspondent.

Tel peuple, tel gouvernement. La liberté est proportionnelle à l'ensemble des qualités qui forment ce qu'on pourrait appeler la vertu politique. Le despotisme, le pouvoir arbitraire, le gouvernement personnel, etc., ne sont que des effets dont les causes sont ordinairement aisées à reconnaître. Nous savons bien que ces effets réagissent

ensuite sur leurs causes premières pour les modifier en bien
ou en mal, mais il n'en est pas moins certain que c'est à
ces causes premières que les partisans sensés de la liberté
devront d'abord s'attaquer pour réaliser les améliorations
libérales qu'ils ont en vue.

Notons ici, en passant, qu'il n'y a encore au monde que
trois peuples chez qui la liberté se soit installée d'une
manière sérieuse et durable, et que ces trois peuples
(dans lesquels tout le monde a reconnu les Anglais, les
Suisses et les Américains du Nord), se distinguent non-
seulement par un respect inné de la loi, mais encore par
un profond sentiment religieux, c'est-à-dire par les deux
choses qui sont précisément aux antipodes du caractère
français.

Examinons en elle-même l'idée de liberté. Qu'est-ce
que la liberté ?

Beaucoup de gens vont répondre : C'est le droit naturel
et imprescriptible de l'être humain.

Nous laissons de côté les questions préalables que sou-
lève cette expression de *droit naturel et imprescriptible*
appliquée à un fait aussi contingent et aussi plein d'obs-
curités que l'être humain, et, pour rester sur le terrain
pratique, nous constatons seulement que ce droit, si
droit il y a, n'a rien d'absolu, et qu'à moins de vouloir
l'état de guerre en permanence dans une société, il faut
en limiter l'exercice de façon à préserver le droit paral-
lèle du voisin.

La plupart des dissentiments qui existent au sujet de
la liberté portent sur la mesure de cette limitation du
droit individuel au profit du corps social.

Il n'est presque personne qui ne reconnaisse, en
théorie, la nécessité de cette limitation, mais il en est
bien peu qui, dès qu'on arrive à l'application, ne soient
disposés à la révolte, pour peu que leurs passions de parti
ou leurs intérêts individuels se trouvent blessés. Cette
disposition est, d'ailleurs, de tous les temps et de tous les

pays, et nous la constatons ici, non pour le plaisir puéril de la blâmer, mais pour montrer en elle un de ces faits généraux et naturels avec lesquels il faut compter, pour la signaler comme étant précisément un des plus grands obstacles que rencontre l'exercice de la liberté dans une société quelconque. L'individualisme, dans lequel cette disposition prend son origine, est, sans doute, un puissant moteur du progrès, mais c'est aussi la source éventuelle d'une foule de désordres. Il en est de l'homme comme de la nature ; les fleuves qui fertilisent un pays y portent parfois la dévastation. Le sentiment et les besoins de liberté sont peut-être la première et la plus énergique des expansions individuelles, mais précisément à cause de cela, l'individualisme devient ensuite l'ennemi le plus dangereux de la liberté appliquée à tout le groupe dont l'individu fait partie.

Nous avons beau nous croire impartiaux, nous ne le sommes peut-être jamais réellement. Notre libre arbitre se meut dans des limites que les influences de l'âge, de l'éducation, de l'intérêt rendent assez restreintes. Les plus sages se laissent dominer par des considérations personnelles qu'ils reconnaissent fort bien chez les autres, mais dont ils ne soupçonnent pas l'existence chez eux-mêmes.

Radicaux et conservateurs, chacun s'enferme dans ses préoccupations d'individu ou de parti, et voit, de bonne foi, dans les autres individus et dans les autres partis, des ennemis de la vérité et du bien public.

Les radicaux de tous les pays, quand ils demandent un pas en avant, pensent surtout ou même uniquement à eux-mêmes et ne tiennent pas compte des autres éléments indispensables cependant à l'exercice collectif de la liberté. Ils ne voient que leur droit personnel de marcher en avant et n'ont pas l'air de se douter que ceux qui veulent rester stationnaires, ou même reculer, usent d'un

droit non moins légitime, non moins naturel, non moins
incontestable que le leur.

Les partisans du *statu quo* et les réactionnaires font de
même.

Chaque parti, chaque individu, en France, part de
l'idée qu'il est seul dans le vrai, ou du moins qu'il est
plus intelligent et plus juste que les autres partis et que
les autres individus.

Peut-être en est-il encore de même dans les autres
pays. Il nous semble cependant que dans les pays étran-
gers, au moins dans ceux où la liberté réussit le mieux,
les individus et les partis, tout en croyant naturellement
avoir la vérité et la justice pour eux, sont plus réservés
dans l'exercice des droits dout ils pourraient se croire
investis en conséquence. Il y a chez eux tout autant de
conviction avec beaucoup moins de présomption et beaucoup plus de tolérance. En Angleterre, par exemple, les
individus et les partis, après avoir fait valoir énergique-
ment leurs griefs et leurs droits, savent toujours s'incliner
devant la loi et la majorité, lors même que la loi leur
paraît défectueuse et la majorité injuste. En France, nous
prétendons ne reconnaître, en pratique comme en théorie,
d'autre tribunal que celui de notre conscience, sans
songer que c'est confondre les juridictions, et que si
l'individu a sa conscience, bien ou mal inspirée, à laquelle
il doit obéir, la société politique a aussi sa conscience,
bien ou mal inspirée, qui s'appelle la loi, à laquelle tous
ses membres doivent obéir, sous peine de confusion et
d'anarchie.

Il arrive sans doute assez souvent que les décisions de
la conscience individuelle et celles de la loi ne sont pas
d'accord. Dans ce cas, nous concevons à la rigueur qu'on
ait fait autrefois des révolutions violentes, — sans vouloir
examiner, d'ailleurs, si les sentiments et les volontés de
la majorité n'avaient pas d'autre moyen de se manifester,
et si des conquêtes progressives et pacifiques n'auraient

pas mieux valu. Quoi qu'il en soit, l'idée de révolution violente doit disparaître de l'Europe civilisée, aujourd'hui que les sentiments et les volontés des peuples ont tant de moyens de se manifester et de forcer pacifiquement la main aux gouvernements les plus rétifs. Les études d'anatomie politique, en dissipant les préjugés répandus jusqu'ici au sujet des notions de gouvernement et de liberté, ne peuvent que hâter cet heureux événement.

En attendant que cela arrive, le sens commun, à défaut de la science, devrait nous faire comprendre ce qu'il y a d'absurde et de ridicule dans la présomption et l'intolérance, qui sont les marques distinctives de notre caractère national. Nulle part on ne parle plus de liberté qu'en France, et nulle part on n'a moins le sens libéral. L'intolérance, dans notre pays, transpire dans tous les actes et dans tous les discours. Chacun, non-seulement se croit seul dans le vrai, mais encore n'hésite pas à signaler ses contradicteurs comme des ennemis de la lumière et du progrès. Chacun croit avoir le monopole de la saine raison et de la bonne foi. Les plus intelligents ne sont pas exempts de cette aberration qui prouve combien nous avons peu le sens libéral. Il n'est pas d'assemblée, il n'est pas de journal où cette prétention à l'infaillibilité individuelle ne se manifeste bien plus naïvement qu'elle ne le fait à Rome.

Il n'a fallu rien moins que cette déviation de l'esprit français pour inspirer et faire supporter les non-sens qui se débitent journellement au nom de la liberté. Celle-ci est devenue une sorte de talisman, à l'aide duquel on prétend résoudre toutes les difficultés, un véritable orviétan, prôné de bonne ou mauvaise foi par l'immense majorité des journalistes et des discoureurs politiques comme un spécifique infaillible pour guérir toutes les maladies de la société contemporaine.

Depuis quelques années, en effet, on entend répéter de toutes parts et sur tous les tons que toutes les fautes, tous les abus, tous les malheurs proviennent du défaut de liberté. Otez cette idée des discours d'opposition à la tribune et des articles d'opposition dans les journaux, et il ne reste plus rien.

Est-il bien vrai qu'avec la liberté, les fautes et les mécomptes dont on se plaint pourraient être prévenus ?

Il nous semble qu'il n'y a pas beaucoup à hésiter sur la réponse à faire à cette question.

La liberté est une arme puissante mais dangereuse, et elle n'est utile qu'autant qu'on sait s'en servir.

Oui, les fautes et les mécomptes peuvent être prévenus si on sait user de la liberté. Dans le cas contraire, on est encore plus exposé aux fautes et aux mécomptes que l'on voudrait prévenir.

Un illustre orateur disait récemment : Les peuples ont le droit de se tromper et les souverains ne l'ont pas.

N'est-ce pas un peu trop oublier que ceux-ci ne sont que les fondés de pouvoirs de ceux-là, et qu'au fond ce sont les peuples eux-mêmes qui se trompent dans la personne des souverains ?

En affirmant que tout le mal, en politique, vient du défaut de liberté, on fait un cercle vicieux. On prend l'effet pour la cause. Le mal vient, non pas du défaut de liberté, mais de notre défaut d'aptitude libérale. Soyons vraiment libéraux, et nous serons libres sans révolution. Dès que l'enfant peut marcher, il marche, et tout le monde est heureux de le voir marcher. Il en sera de même des grands enfants politiques qui forment les nations de l'Europe. Quel prince siégeant aux Tuileries n'aimerait pas à se décharger du poids énorme de soucis et de responsabilité que lui imposent notre ignorance et notre légèreté ? Quel souverain du continent n'aimerait pas à échanger son pouvoir contre celui de la reine constitutionnelle de la Grande-Bretagne ?

De tous les problèmes politiques, il n'en est peut-être

aucun où le doute méthodique soit plus nécessaire que pour celui qui se cache sous le mot de liberté, parce qu'il n'en est aucun qui ait été plus obscurci par les passions et la logomachie, qui en est la conséquence.

Il nous semble à nous que la première de toutes les libertés, peut-être la seule réelle, consiste dans la libre possession de soi-même, en dehors de toutes les influences funestes qui paralysent l'usage de nos facultés ou font tourner leur exercice à notre détriment individuel comme au détriment commun.

Je porte tout avec moi, disait le sage antique. Je porte ma liberté avec moi, doit dire le sage moderne.

Nous ne voulons pas dire par là qu'il soit injuste et coupable de poursuivre une liberté moins personnelle, mais nous voudrions faire comprendre que le meilleur moyen, le moyen certain de réussir dans cette entreprise, est la conquête préalable de cette liberté intérieure que nous signalons, liberté qui est, dans tous les cas, la base solide et indispensable de toutes les autres.

On entend tous les jours de braves gens, jouets notoires de passions qui les absorbent, les démoralisent, les rendent incommodes ou dangereux pour leurs proches, dominés les uns par l'envie, les autres par la colère, la luxure, l'ambition, la cupidité, etc.; — on entend, disons-nous, de braves gens de cette catégorie déclamer imperturbablement contre le gouvernement de leur pays, et prôner son renversement comme le remède infaillible à tous les maux. Ce serait d'un haut comique si ce n'était pas si triste. Quand on pactise avec les tyrans intérieurs, les tyrans les plus incontestables de tous, et les seuls qu'il soit donné à chacun de détruire à coup sûr, on est assez mal venu de faire le procès des tyrans extérieurs, vrais ou prétendus, dont on justifie d'ailleurs, par sa propre conduite, les faits d'injustice ou d'oppression.

La liberté est assurément un but des plus enviables, mais il ne faut pas oublier qu'il est imprudent de la

demander avant d'avoir montré qu'on est mûr pour elle.
Nous pourrions ajouter qu'il est déraisonnable de la
réclamer avec trop d'instances au lendemain du jour où
on n'a pas su la conserver quand on l'avait. Ce n'est pas
par des paroles qu'on l'acquiert, c'est par la pratique
préalable des vertus qui lui correspondent.

Réclamer la liberté sans être dans les conditions vou-
lues pour en jouir sans danger et pour pouvoir la conserver, c'est ressembler aux jeunes gens de dix-huit ou
vingt ans qui veulent à tout prix s'engager dans les liens
du mariage, sans avoir ni une position, ni l'expérience de
la vie, ni les autres garanties indispensables à la réussite
d'un ménage. On sait ce qui arrive ordinairement quand
les pères de famille ne savent pas ou ne peuvent pas les
empêcher de faire cette folie. On sait aussi ce qui arrive
quand une société est mise prématurément en possession
de la liberté.

On pourrait pousser plus loin ce rapprochement entre
les époux trop jeunes et les libéraux inexpérimentés. Les
points de comparaison abondent, en effet, entre le ménage domestique et le ménage politique.

Des deux côtés, on se reproche le plus souvent ce qui
n'est que la conséquence nécessaire de l'infirmité humaine,
et on oublie trop qu'il n'y a d'accord possible que par un
habile mélange de fermeté et de patience. Le peuple est
souvent plus capricieux et plus injuste que la plus capri-
cieuse et la plus injuste des femmes, mais il y a aussi
bien des docteurs Bartholo, c'est-à-dire bien d'aveugles
et maladroits tuteurs parmi les hommes d'État de tous les
pays. Plus sages, l'épouse-peuple et l'époux-gouverne-
ment auraient réciproquement plus de respect et plus
d'indulgence l'un pour l'autre. Que de mécomptes l'on
évitera, dans le mariage comme en politique, le jour où la
réflexion et l'expérience y tiendront la place qui leur convient!

VIII

CONCLUSION

De tout ce qui précède, nous concluons, en premier lieu, qu'il faut, dans les doctrines comme dans les actes politiques, s'attacher davantage aux faits anatomiques et en tenir plus de compte qu'on ne l'a fait jusqu'ici.

De cette façon, le but à atteindre comme la voie à suivre étant mieux déterminés, on arrivera à faire servir plus utilement les forces humaines au bien de tous et de chacun.

Les impatients s'abstiendront de demander au groupe social dont ils font partie plus d'améliorations que n'en comportent son état et les circonstances, et ils pourront ainsi donner à leurs efforts une direction plus rationnelle et plus efficace.

De leur côté, les optimistes et les peureux mettront dans leurs résistances plus de modération et de réserve.

La lutte ne cessera pas pour cela entre les éléments opposés qui font la vie politique d'un pays, mais le terrain plus circonscrit, mieux exploré, en empêchant des malentendus et des égarements fâcheux, permettra d'obtenir des résultats plus rapides et plus féconds.

Un autre bienfait de l'anatomie politique sera de rendre palpable la confusion des langues qui existe dans la Babel de la politique moderne.

Pourquoi tant de discussions violentes, interminables, qui font dire aux gens simples qu'entre deux discoureurs ou écrivains politiques, il y en a toujours nécessairement un de mauvaise foi, quand il n'y en a pas deux, puisque les faits en apparence les moins discutables, les raison-

nements les plus limpides, sont entre eux l'objet d'affir-
mations contradictoires?

La raison en est bien simple : on ne s'entend pas parce
qu'on ne parle pas la même langue. Suivant l'opinion à
laquelle on appartient et le parti auquel on est inféodé, le
point de vue change, les choses varient d'aspect et les
mots de signification. Il n'y pas plus de différence entre
le français et le chinois qu'entre les deux langues que
parlent parmi nous un fougueux radical et un fougueux
conservateur.

Prenons pour exemple les trois mots les plus usités dans
notre vocabulaire politique : Droit, Justice et Liberté.

Cherchons l'application des deux premiers à la grosse
question du moment : la question romaine. De quel côté
sont le droit et la justice? Des millions d'individus honnêtes et convaincus les voient avec évidence du côté des
Italiens et de l'idée de nationalité, tandis que d'autres
millions d'individus, non moins honnêtes et non moins
convaincus, les aperçoivent avec une égale évidence du
côté du Pape et de la tradition catholique.

Les mêmes divergences se retrouvent sur toutes les
grandes questions qui divisent les hommes.

Il suffit donc d'ouvrir les yeux et les oreilles pour reconnaître que, sur le terrain de la politique pratique, les
mots de Droit et de Justice, ont dans chaque pays, autant
de sens différents qu'il y a de partis, de fractions de parti
et peut-être de têtes pensantes. Chacun d'eux répond à
un idéal, plutôt qu'à une notion bien claire et bien définie,
par des raisons sans doute qui tiennent aux lacunes de
notre intelligence.

Nous ne voulons pas nier, certes, le droit et la justice,
et nous les saluons volontiers comme de hautes lumières
morales formant les principaux éléments de la conscience
humaine et de la vie des sociétés ; mais à voir la lueur
incertaine qu'ils projettent sur les esprits humains, ou
plutôt les aspects différents sous lesquels nous les envisa-

geons, on nous permettra bien d'y regarder à deux fois avant d'accepter comme évident tout ce qu'on nous en dit et tout ce qu'on prétend en faire sortir. On nous permettra bien aussi de penser que les divergences seraient moins profondes sur ces hautes questions si, en les abordant, on employait davantage les procédés analytiques que nous recommandons. Peut-être reconnaîtrait-on, par exemple, que le droit est un flambeau plutôt qu'un but, et qu'il est assez semblable à ces phares élevés sur les écueils qui éclairent au loin les navigateurs, mais qui sont la perte de ceux qui les approchent de trop près.

Quant à la liberté, il nous suffira de constater ce fait notoire qu'elle n'est admise par chaque parti politique qu'avec des restrictions particulières et différentes, en sorte que lorsque tous y ont passé, on est fort embarrassé pour déterminer ce qui en reste.

Sans doute, il faut bien se servir des mots que l'on a, quelque imparfaits qu'ils soient. On conviendra cependant qu'il y aurait avantage dans les discussions à ne pas perdre de vue que beaucoup de mots, surtout en politique, représentent des problèmes et non pas des solutions, et qu'il convient de ne les employer qu'avec les réserves, les définitions, les explications que nécessite le caractère des questions auxquelles ils servent beaucoup moins de base que d'enseigne.

Presque toutes nos divergences viennent d'ignorance et d'irréflexion.

Quand les études d'anatomie politique seront en honneur, une foule de préjugés s'évanouiront aux premières lueurs de l'observation et de l'analyse, et l'on sera étonné de la simplification qui en résultera pour les questions difficiles.

On se tiendra à l'écart de tous les partis politiques, au sein desquels il est impossible de conserver une véritable indépendance.

On sera moins sévère pour les autres, et un peu plus pour soi-même.

On ne persistera pas à mettre la charrue devant les bœufs, en exigeant des gouvernements qu'ils vaillent mieux que les gouvernés.

On reconnaîtra que les gouvernements sont forcément le reflet des vices et des vertus des gouvernés, qu'en les blâmant à tort et à travers, on se blâme soi-même, et qu'il est illogique de vouloir les changer si on n'a pas, au préalable, soigneusement détruit les vices qui leur ont donné naissance.

On songera que les rénovations de ce genre sont l'œuvre du temps, et on comprendra enfin que les révolutions violentes sont plutôt de nature à compromettre qu'à aider la marche du progrès.

A ceux qui nous diraient : Où en serions-nous sans les révolutions ? nous répondrions :

Les révolutions violentes ne doivent pas être l'œuvre des hommes intelligents. Il faut les laisser à celui qui a le droit de les faire : à la Providence, à la force des choses, si on veut. Elle seule peut déterminer la limite où il y a plus d'avantage à employer la violence dangereuse qu'à continuer le progrès pacifique quelquefois trop lent. Laissons-la agir ; elle disposera toujours, dans ce cas-là, d'assez de forces aveugles ou d'intelligences aveuglées par la passion, pour produire l'effet voulu. Le rôle des hommes intelligents est de rester invariablement attachés au progrès pacifique.

Si l'on veut nous permettre une dernière comparaison, nous dirons que la société nous apparaît comme un orchestre immense où chaque individu donne sa note selon l'instrument formé par son tempérament, son éducation ou les circonstances extérieures. Vouloir que chacun soit pourvu du même instrument, ce serait poursuivre un but absurde, incompatible avec les conditions variées du monde et de l'âme humaine.

On ne comprend pas la vie sans le mouvement et la diversité, et nous sommes ainsi faits, d'ailleurs, que nous

trouverions le monde encore plus ennuyeux qu'aujour-
d'hui si chacun y était du même avis. Donnons chacun
notre note, seulement cherchons à la donner juste. L'in-
visible chef d'orchestre qui nous dirige connaît seul toute
la partition, et, si nous devons en saisir un jour l'ensemble, ce ne sera évidemment que lorsque, les difficultés de
l'exécution étant surmontées, notre esprit pourra se livrer
exclusivement à l'appréciation calme de l'œuvre elle-
même.

En d'autres termes, les gouvernements étant la résultante de tous les éléments bons et mauvais qui constituent
le groupe politique, et devant se modifier avec ces éléments, chacun a le droit de chercher à faire prévaloir ses
vues, pourvu que ces vues aient leur base dans la conscience et pourvu que les moyens employés ne blessent
pas les droits d'autrui.

C'est ici ou jamais le cas de dire : Chacun pour soi et
Dieu pour tous !

Mais cela ne diminue en rien le devoir préalable de
s'éclairer autant que possible sur les conditions de la
société et sur les lois qui président à l'accomplissement
de ses destinées. Il ne suffit pas d'être sincère dans ses
convictions, il faut aussi que les convictions s'appuient
sur l'observation et l'expérience. Il faut enfin ne jamais
perdre de vue que nous ne sommes pas seuls au monde,
que nous devons concourir à un grand accord, et que,
sans supprimer l'initiative personnelle, l'état social la
subordonne forcément à certaines restrictions qui, d'ailleurs, sont un utile préservatif contre nos passions et notre
présomption.

PARIS. — IMPRIMERIE ÉMILE VOITELAIN ET Cᵉ, RUE J.-J.-ROUSSEAU, 15

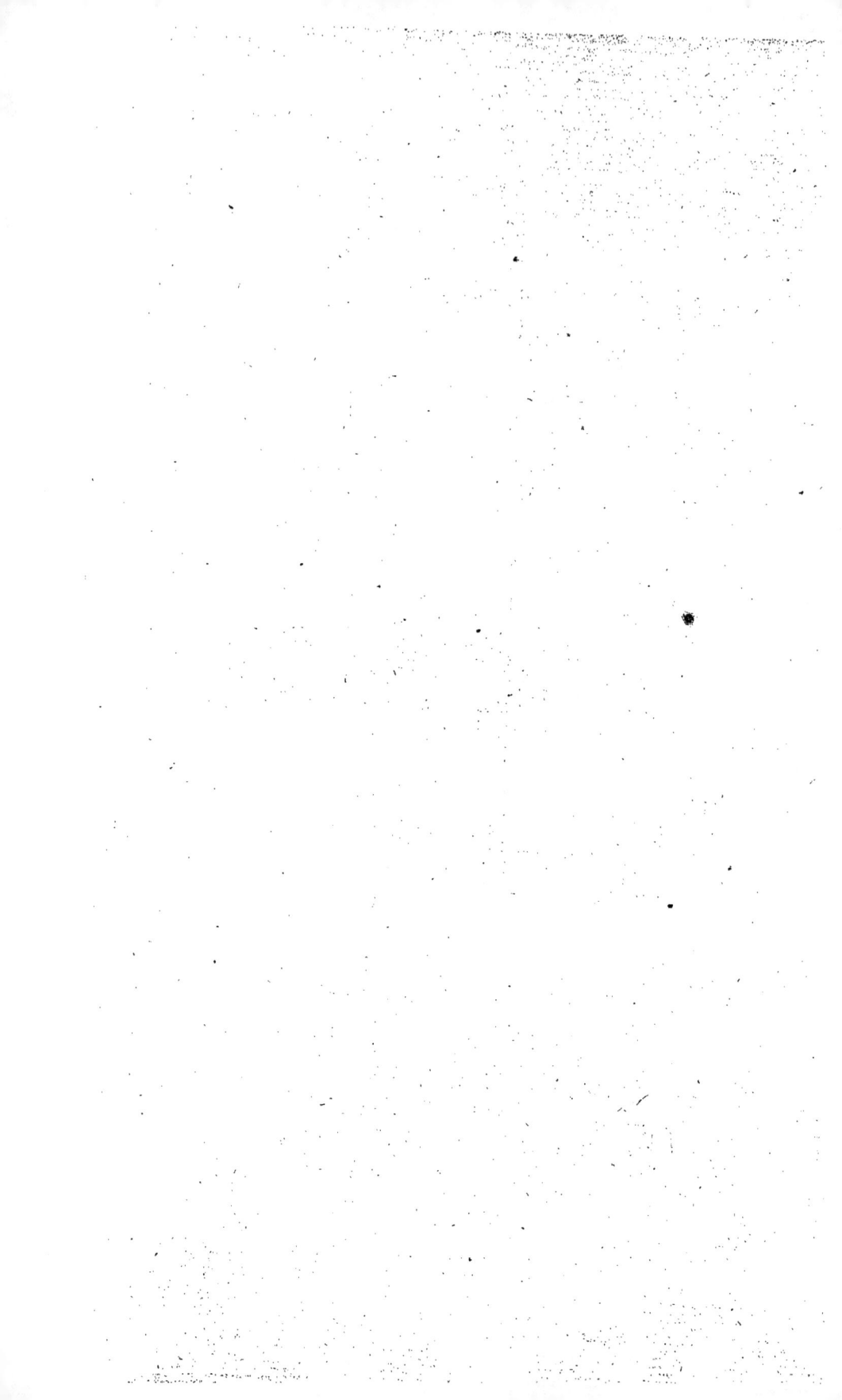

www.ingramcontent.com/pod-product-compliance
Lightning Source LLC
Chambersburg PA
CBHW060740280326
41934CB00010B/2298